ALZHEIMER

DIOS NO EXISTE

ExLibric

LUIS MARTÍN RUIZ

ALZHEIMER
DIOS NO EXISTE

EXLIBRIC

ANTEQUERA 2024

ALZHEIMER. DIOS NO EXISTE
© Luis Martín Ruiz
Diseño de portada: Dpto. de Diseño Gráfico Exlibric

Iª edición

© ExLibric, 2024.

Editado por: ExLibric
c/ Cueva de Viera, 2, Local 3
Centro Negocios CADI
29200 Antequera (Málaga)
Teléfono: 952 70 60 04
Fax: 952 84 55 03
Correo electrónico: exlibric@exlibric.com
Internet: www.exlibric.com

ISBN: 978-84-10297-81-4
Depósito Legal: MA-2407-2024

Impresión: PODiPrint
Impreso en Andalucía – España

Nota de la editorial: ExLibric pertenece a Innovación y Cualificación S. L.

LUIS MARTÍN RUIZ

ALZHEIMER
DIOS NO EXISTE

Presentación

Me he sentido en la obligación, o necesidad, de escribir este libro como una segunda parte de aquella obra, *Cuando te vas alejando,* que escribí en agosto de 2019, pues, releyéndola varias veces, he llegado a la conclusión de que estaba inacabada y que, en reconocimiento y lealtad hacia a mi esposa Rafi, debía concluirla y narrar los acontecimientos acaecidos desde 2019 hasta la fecha, quizás los más duros y críticos de su enfermedad, y posiblemente para descargar esa impotencia y rabia hacia quien sea o lo que sea, espíritu o no espíritu, exista o no exista, dios o demonio, que ha permitido y sigue permitiendo que mi esposa y otros seres humanos sufran enfermedades tan devastadoras como el Alzheimer.

Dirigido a todos aquellos que, como yo, se han sentido culpables de haber enviado a su ser más querido a una residencia de ancianos, y se hallen en esa encrucijada mental entre el dolor moral o espiritual, o como queráis llamarlo, de que quizás hemos cometido un error o pecado, pues quizás todavía quedaba alguna posibilidad de seguir cuidando uno mismo a esa persona en nuestra propia morada, aunque nuestras fuerzas estuviesen llegando a un límite arriesgado, peligroso y desconocido para ese ser querido enfermo de Alzheimer.

Prólogo

Como siempre, cuando escribo, a veces suelo descolocar al lector, pues paso de un tema o capítulo a otro sin avisar y sin seguir el guion narrativo que sería razonable, pero creo que, a pesar de ello, el lector ensamblará sin dificultad mis pequeños desvaríos literarios, pues todos ellos se suceden en el mismo entorno, aunque en distintas fechas.

He querido diferenciar fechas y etapas referentes a mi esposa, y todo lo concerniente a su enfermedad, realizando una serie o capítulos a los cuales les designo un título, un nombre, y quizás paso de uno a otro con cierta ligereza.

En este libro abrazo dos disyuntivas: una, el tema de la propia enfermedad del Alzheimer, así como sus consecuencias y repercusiones hacia el enfermo y hacia su entorno; otra, el argumento central del Dios todopoderoso que deja a su albedrío a su propia creación y a los seres que él creó a su imagen y semejanza, permitiendo un caos total en un mundo de seres humanos que se dirigen hacia su propia destrucción, guerras, hambre, desigualdad, cientos de religiones, corrupción, etcétera, y que, al final, esto de la religión y de los dioses es pura quimera, pura fantasía, o sea, una M.

ALZHEIMER
DIOS NO EXISTE

... Y aquel día llegó

Y llegó aquel día no deseado, pero sabía a ciencia cierta que ese día tendría que llegar, porque yo, cobarde de mí, lo había solicitado a la Administración ante mi imaginada impotencia de continuar atendiendo, cuidando y protegiendo a mi esposa Rafi, enferma de Alzheimer en fase Grado III de Gran Dependencia.

Sobre las 11:00 de la mañana de aquel martes 16 de abril de 2024 sonó el teléfono:

—¡Buenos días! ¿Hablo con Luis Martín Ruiz, esposo de Rafaela Portillo Ureña?

—¡Sí, soy yo! ¿Dígame?

—Mire, le llamo de la Residencia de Mayores San Carlos de Archidona, en la cual tenía usted solicitada una plaza para su esposa Rafaela. Dicha plaza le ha sido concedida, por lo que, en breve, en unos días, podrá usted ingresarla una vez que cumplimentemos unas formalidades, que ya le indico.

La única formalidad era que en unos días tenía que recibir una carta de la Junta de Andalucía, confirmando la adjudicación de dicha plaza, y mientras no tuviese esa carta en mi poder, no podía ingresar a mi esposa en la Residencia San Carlos de Archidona, ya que ese era el protocolo que exigía la Junta de Andalucía.

—Una vez que le llegue esa carta, nos lo comunica y ya puede traerla a la residencia el día que quiera, con su vestuario y utensilios personales dentro de los quince días desde la notificación.

—Bueno, pues ya les aviso cuando reciba la carta.

El globo terráqueo se me vino encima y mi vida dio un vuelco a peor. A sabiendas de que algún día ese momento llegaría, lo vislumbraba muy lejano, y en lo más profundo de mi ser pedía que no llegara nunca. Ya me había habituado al día a día del cuidado de Rafi durante meses y años, y lo tenía asumido, no como una carga ni obligación, sino como una lánguida y austera distracción, pero entrañable y afectiva al mismo tiempo, que me acompañaba como si fuese algo natural de mi propia existencia (no puedo seguir escribiendo, estoy llorando como un debilucho, 17:40 del sábado 4 de mayo de 2024, seguiré escribiendo en otro momento).

Soy una persona que, cuando escribe, expresa lo que siente, sin ambages ni medias tintas. Tampoco me considero un cuentacuentos, pues los varios libros que he escrito son todos cogidos de la realidad y, por tanto, no escondo nada, pues mis escritos se pueden demostrar con documentos y argumentos, ya sean agradables para unos o insolentes para otros, criticando, desacreditando o haciéndome autocrítica de todo aquello que creo no es ético o que carece de valores humanos. Retomo esta escritura a las 20:00 de este mismo sábado, después de una pausa en la que he relajado mi espíritu y he enjugado algunas o muchas lágrimas.

A los pocos días llegó aquella carta de la Junta de Andalucía, comunicándome que me habían concedido una plaza para Rafi, después de año y pico desde que la solicité en la Residencia de Mayores San Carlos de Archidona, lo cual trasladé a la residencia, y el martes 23 de abril, acompañado por mis dos hijos, David y Luis, ingresé a Rafi en la Residencia de Mayores San Carlos de Archidona. En ese momento perdí, mejor dicho, acabé con la mediocre vida que me quedaba, y lo que se prorrogue mi vida, para mí, ya no tiene ningún sentido.

Pese a que Rafi hacía tiempo que había perdido la capacidad de comunicarse a través de la palabra, ni tampoco caminaba, pues ya no sabía andar —su mente no sabe dar órdenes— y, por tanto, era una persona totalmente dependiente, yo vivía casi feliz, acompañándola y cuidándola las 24 horas del día. Ahora, ese casi feliz lo he perdido. Me siento desorientado, vacío, lloroso, solo, y menos mal que me ha dado por escribir, para así poder llenar un pequeño hueco en la gran laguna que se ha convertido mi efímera existencia. ¡Menudo panorama!

Algunos recuerdos
y reflexiones

Desde el año 2014, cuando a mi esposa Rafi le diagnosticaron esa maligna e hija de p… enfermedad llamada Alzheimer, vengo cuidando de ella YO SOLO, ya que no he querido involucrar ni importunar a nadie en el cuidado de mi esposa, no por hacerme el valiente ni el sufridor, sino por cariño y admiración hacia Rafi. Ella hubiese hecho lo mismo por mí, pero seguro que habría sido más valiente que yo, y casi seguro no me hubiese llevado a ningún asilo o residencia: habría cuidado de mí hasta el final.

Desde entonces, comencé junto a ella un camino que la hiciese «más feliz» en esas últimas etapas que llegarían sin ninguna indulgencia, y cada vez que podía nos marchábamos de viaje y también paseábamos diariamente para que se animara y distrajera, y, al menos, esos pocos años o meses que le quedaban de conciencia y pocos recuerdos los atravesara despreocupada, pues aunque ella no tenía mucha conciencia sobre su enfermedad, a veces yo le explicaba lo que le estaba acaeciendo y le señalaba que no se preocupara, que yo estaría ahí para ayudarla a recordar todo lo que ella estaba perdiendo.

Hace cinco años, allá por 2019, escribí un libro sobre el Alzheimer, al que titulé *Cuando te vas alejando,* dedicado a mi esposa Rafi, y en el cual narraba las aventuras y desventuras —más bien desventuras— del cuidador de una enferma afectada de Alzheimer. En ese libro me centraba en una de las tres fases o etapas que considero suelen atravesar estos enfermos y, posiblemente, sería esa «segunda fase» en la que comenzaron para mí los grandes y graves problemas.

Desde esa fecha de 2019, esa enfermedad ha ido avanzando sin piedad y de manera progresiva ha ido restándole capacidades físicas y mentales a una velocidad en aceleración. A raíz de la caída por las escaleras de mi esposa Rafi, la cual le provocó una rotura de cadera de la que tuvo que ser intervenida y donde le implantaron una placa ortopédica, todo cambió radicalmente, acelerando un proceso que, desgraciadamente, no tuvo retorno. Aunque Rafi se recuperó casi milagrosamente —yo no creo en milagros, como se verá— de aquella caída gracias a su fuerza física, a su genética y a su entrenamiento físico durante muchos años dedicada al karate, pues es cinturón negro, después de esta caída se recuperó casi totalmente en lo físico, pero no en lo mental.

Cuando la intervinieron en el Hospital Comarcal y una vez terminada la operación, más tarde, estando en su habitación, inconscientemente se arrancó todas las vías y apósitos, y se levantó de la cama recién operada, originando una zapatiesta y cubriendo de sangre las sábanas y el suelo de la habitación, por lo que tuvieron que amarrarla a la cama para que no se quitase los nuevos apósitos y vías terapéuticas que le habían colocado.

Como digo, se recuperó físicamente y siguió caminando con normalidad y sin ninguna aparente secuela física, pero ante la amenaza y el temor a que sufriera una posible nueva caída, acondicioné la amplia cochera de mi casa y la reconvertí en lo que en estos tiempos llaman un loft, o sea, un cubículo, al que llamo «la casita de los hobbits», con todas las comodidades necesarias para la vida cotidiana de mi esposa, donde no tuviese ningún problema de desplazamiento ni barreras arquitectónicas, con fácil acceso al exterior y a la terraza, que acondicioné en el mismo bajo junto a la cochera reconvertida.Ventana al exterior, cocina con todo lo necesario, lavavajillas, vitro, lavadora, horno, cama, guardarropa, librerías, mesa de ordenador, televisor, sillones, cuarto de baño amplio y acondicionado para poder ducharla en una silla especial, trastero con frigorífico y congelador, etcétera. Todo adaptado para lo que sabía que, más tarde o más temprano, acontecería y que esta enfermedad acarrea.

La vida continuó con sus altos y bajos; por las tardes solía llevarla a pasear, casi siempre a la plaza Fernández Viagas, y allí pasábamos ratos hablando e intentando hacerle recordar algunos momentos y situaciones de nuestra vida pasada, aunque ella no recordaba casi nada, y yo le insistía sobre algunos tiempos y recuerdos como estímulo para su memoria. En esta etapa nos inscribíamos en casi todas las excursiones que organizaban las distintas asociaciones de mayores, que preparaban viajes a cualquier punto de nuestra geografía y en los que Rafi solía divertirse por el contacto asociativo con otras personas, a veces, desconocidas.

No retengo exactamente en mi memoria cuándo dejó de hablar, pues mis recuerdos tampoco son muy finos. A veces quiero hacer memoria de en qué momento dejó de hablar, y no lo consigo, pero no me importa. La cuestión es que dejó de comunicarse verbalmente y su mente se olvidó de pronunciar palabras. ¡Es increíble! ¿Cómo es posible que algunas personas lleguen a esa degradación tan inhumana de olvidarse de hablar, de comunicarse, de perder todos sus recuerdos, hasta el punto de no reconocer a sus seres más queridos? ¿Cómo es posible que se olviden de andar, de comer, de beber, de contener sus necesidades fisiológicas y quedar solo como delicadas y efímeras sombras humanas?

¡Dios no existe! ¡No somos nada! Eso de que el ser humano es la máxima creación de un Dios omnipotente y de su hijo Jesucristo, de que el espíritu de los humanos es lo que nos diferencia de los animales, etcétera. Todo eso es un rollo, y a la vista está...

¿Dónde está ese dios que muchos abogan por él pidiéndole ayuda, y a los que este no les hace ni puñetero caso? ¿Dónde está ese dios misericordioso? ¿Cómo permite ese dios tan piadoso, todopoderoso y humanitario, principio y fin de todas las cosas, que el ser humano, algo que algunos dicen que este mismo dios creó, sufra pandemias, guerras, enfermedades, hambre, catástrofes y sufrimientos, mientras este gran dios reside donde sea y tan tranquilo a la diestra del Padre, observando el panorama de su gran creación? ¡Qué gran mentira!

En el último día de esa imaginaria y delirante Creación, Dios dijo: «Hagamos al hombre a nuestra imagen, conforme a nuestra semejanza» (Génesis 1:26).

¿A semejanza de qué y de quién? ¿Dónde están esos personajes?

Algunos me vendrán con el cuento o la milonga de la fe, de cualquier historia teológica de las Sagradas Escrituras, o de cualquier «argumento» sin poderlo argumentar, sobre la fe y sobre la religión católica, apostólica y romana, y sobre la existencia de un Creador (Dios), y de bla, bla, bla.

Diez años separan estas fotos de mi esposa Rafi. ¡Dios no existe!

Diez años separan estas fotos de mi esposa Rafi. ¡Dios no existe!

Mi paso por la fe católica

A mí nadie me puede dar lecciones, y menos, pruebas tangibles sobre religión católica ni de teología barata, ya que maduré en el hábitat y alrededores del Seminario Diocesano de Málaga, un centro de formación de sacerdotes, a los cuales yo llamaba los «salmonetes», debido a una estola de tela roja de dos metros de largo que portaban cruzada por delante de la sotana negra y, como reitero, nadie me da conferencias católicas, y menos en estos momentos en que el pontífice Papa Francisco, máxima autoridad de la Iglesia Católica y «representante de Dios en la Tierra», comunica a sus fieles y a todo el mundo que «en los Seminarios hay mucho mariconeo» y que «los cotilleos son cosa de mujeres». Y si a esto le sumamos el cachondeo de las monjas clarisas de Burgos que están a punto de ser excomulgadas por el pitorreo que tienen montado, ¿a ver quién en su sano juicio puede aseverar que Dios existe y sigue creyendo en esa Iglesia Católica, ni en ninguna otra?

Está claro que soy ateo desde muy pequeño, por convicción y por mi lógica aplastante. Mi madre sí era creyente, pero no practicante, quizás porque era casi analfabeta. Sabía leer y escribir, pero hasta ahí. Siempre intentó instruirme sobre la religión católica en la que ella se refugiaba como persona sin grandes objetivos y resignada a una situación de persona muy pobre y humilde, dependiente de los demás grupos sociales.

Me eduqué en unas Escuelas Parroquiales que aún existen y atravesé mi corta juventud en las cercanías y en los adentros del Seminario Diocesano de Málaga, que, por aquel

entonces, allá por 1949 albergaba a jóvenes
en formación para ser sacerdotes. Mi casa se
encontraba a quinientos o seiscientos metros
del Seminario, y muchos sacerdotes del mismo me tomaron cariño, porque yo siempre
estaba jugando al fútbol con los «salmonetes»
o deambulando por los alrededores, pasillos
y dependencias de aquel complejo dedicado
a la formación de curas.

Seminario Diocesano de Málaga

Monte de San Cristóbal, llamado popularmente «monte de las Tres Letras».

Nuestra Señora de la Victoria. Tras ella se hallan las Escuelas Parroquiales en las que yo, Luis Martín, inicié mis estudios.

Todos los curas me conocían. Tanto alumnos como profesores me tenían un gran afecto, a pesar de mi corta edad, pues con esos pocos años, período de 7 a 13 años, debatía con ellos sobre teología, sobre la veracidad de un dios y la autenticidad de una Iglesia basada en castillos de arena, muchas imágenes y cientos de historias fantásticas, y es muy curioso, nunca hablaban de la Virgen. Me sabía la misa en latín de cabo a rabo, mejor que ellos, y ayudaba como monaguillo al padre Flores, al padre Benigno y al padre Francisco a las continuas misas que se daban a diario en el Santuario de Nuestra Señora de la Victoria, patrona de Málaga. Me aceptaban, a sabiendas de que yo no creía en nada de aquello, pero, por lo visto, pensaban que algún día me integraría en el redil, y yo aguantaba porque comía gracias a la parroquia y me tragaba mi orgullo y rebeldía gracias a mi madre, que daba la cara por mí y siempre le obedecía en los concejos que me daba: «Luisito, pórtate bien con el padre Flores y con don Benigno, que ellos nos ayudan mucho».

El emplazamiento de las instalaciones del Seminario Diocesano se hallaba en un paraje privilegiado, en pleno altozano y rodeado de gran vegetación y pequeña fauna, olivos, higueras, almencinos, algarrobos, chumberas y toda clase de floresta, y un pequeño arroyo que discurría entre los almendros, eucaliptos y pequeños olivos. Aún siguen allí esas instalaciones, pero, al parecer, todo aquel bosque y entorno, en la actualidad se encuentran en un estado lamentable y convertido en un vertedero. A la izquierda del Seminario y en la pequeña lejanía, el cerro de San Cristóbal, llamado llanamente por nosotros, los vecinos del barrio de la Victoria, el «monte de las Tres Letras», monte que así llamábamos por tener pintadas tres letras de grandes dimensiones que se divisaban desde casi toda Málaga y que hacían alusión a las siglas de una asociación católica de aquellos tiempos franquistas: JAC (Juventud Acción Católica). Estas pinturas eran repintadas por esa asociación católica cuando con el paso del tiempo y las inclemencias meteorológicas las deterioraban.

Seminario Diocesano de Málaga

Yo no tuve adolescencia

Los años pasaron rápidamente, y de esta interesante etapa de mi niñez, llena de aventuras y tribulaciones, pasé a otra etapa llena de responsabilidades que me ubicó y naturalizó en lo que sería mi carácter y forma de ser hasta estos últimos días en los que escribo este libro: responsabilidad, trabajo y compromiso.

A partir de ahí, mi vida se estabilizó dentro de las posibilidades que la ocupación y mi entorno social me ofrecían. Después de algunas peripecias, terminé mi ciclo completo de FP y Maestría tras un periodo de 5 años. En realidad, no fueron tan duros, pues en el instituto me ofrecieron la oportunidad de estudiar y, al mismo tiempo, de trabajar en una empresa tipográfica privada. Más tarde, conseguí un trabajo fijo, primero en otra empresa tipográfica privada y, posteriormente, en un periódico local, bien remunerado.

Debido a mis conocimientos intelectuales y pedagógicos, no tenía ningún problema en ubicarme y emplearme en cualquiera de las actividades relacionadas con ese círculo de los llamados en aquellos tiempos Artes Gráficas. Cualquier trabajo relacionado con ese mundillo lo conocía al dedillo, por lo que en esa época me convertí en una persona que, sin ninguna humildad, me consideraba muy valiosa, que podía escoger trabajar en cualquier empresa, y digo esto, porque siempre me he pasado por el forro todo aquello que es intrascendente al considerarme una persona sin ningún prejuicio y que nunca he dependido de nadie. Hubo momentos en los que me reclamaron tres empresas para que trabajara con ellos.

Esta etapa fue bastante positiva y tranquila. Me casé con Rafi y tuve dos hijos. Había logrado lo que cualquier ciudadano español y del mundo supongo que anhelaba. El trabajo me iba bien y mi vida rodaba bien engranada. Resultó ser una época bastante satisfactoria, pero no demasiado prolongada.

Mi madre, Ana Ruiz Pinto, que siempre vivió junto a mí, o mejor dicho, yo junto a ella, en un momento determinado, que por cierto no recuerdo, comenzó a presentar indicios de Alzheimer, aunque en aquella época aún no se habían determinado con exactitud cuáles eran los verdaderos síntomas de esta enfermedad. Comenzó con pequeños olvidos, estados de desorientación, caídas, etcétera, hasta llegar, después de algunos años, a no recordar nada, ni a conocer a casi nadie, una repetición del proceso que más adelante sufriría y está sufriendo mi esposa

Rafi. De esta manera, desgraciadamente para mí, gran parte de mi existencia se ha repetido, y he tenido que soportar las calamidades y los estragos del Alzheimer en mi madre y en mi esposa Rafi y de rebote salpicándome profunda y negativamente en mi día a día.

Mi madre y Rafi eran un dúo muy unido. Rafi y mi madre se llevaban como uña y carne. Nunca escuché ninguna palabra malsonante entre ellas. Es más, entre ellas había una especie de pacto, no dicho, sino natural, que entre las dos me tenían «casi apartado». Ambas formaban un equipo que cuidaba de mis hijos, y yo, un suplente, cosa que a mí me agradaba y me quitaba responsabilidades de todo tipo, quedando únicamente para aportar seguridad y economía a la familia, con lo cual me descargaba de múltiples diligencias.

También a ella, en aquel caso, por circunstancias de mi trabajo y por no tener otra alternativa, la tuve que ingresar en una residencia de mayores de Torremolinos. A los tres meses de haberla ingresado, mi madre falleció. Desde ese día, la culpa me acompaña, pues siempre he considerado que fue un error, que fui un cobarde y que tenía que haber luchado más y haber buscado otras alternativas para que hubiera seguido viviendo conmigo y a mi cuidado.

¡Dios no existe! ¿Dónde se encuentra ese dios misericordioso?

¿Cómo es posible que 33 años después esa mala película de mi vida se repita siendo protagonista, en esta ocasión, mi esposa Rafi? Qué poca leche de dios, ni de gafe, ni de albedrío, ni de ventura, ni de destino, ni de casualidad, ni de albur, han hecho que gran parte de mi vida la esté transitando, como una película de terror en dos versiones, luchando y sufriendo dos veces contra esta maldita enfermedad sin retorno, que acabó con mi madre y que está acabando con mi esposa Rafi. Más de veinte años de mi vida los he dedicado a cuidar a dos enfermas de Alzheimer, y no seré yo el único que haya cargado con esta penitencia; otros muchos habrán pasado y están pasando esta adversidad o calvario, y quizás estén rezando o pidiéndole a ese falso dios que los ampare y socorra. Pues lo llevan claro, están aviados. ¡Señores, ese dios al que rezáis e intercedéis no existe! ¡Ese DIOS NO EXISTE! El Alzheimer no tiene cura, y por mucho que recéis y supliquéis, ese dios no va a curar a nadie, porque no existe. Amén.

Vuelta a la realidad

No recuerdo con precisión si fue hace cinco, seis o siete años cuando pedí colaboración a los Servicios Sociales de Antequera para que incluyeran a Rafi en los programas de la Ley de Dependencia de la Junta de Andalucía, así que de esta manera solicité horas de Asistencia de Ayuda a Domicilio para que viniesen a echarme una mano, no solo para cuidar a Rafi, sino para poder salir a cumplimentar algunas labores del cotidiano hacer (comprar alimentos, entrenar un poco para no perder la escasa forma física que me iba quedando, cumplimentar documentos, y otros quehaceres cotidianos como cualquier españolito corriente y sencillo).

Por aquel entonces, Rafi tenía una resolución del 7 de mayo de 2019, reconociéndole el Grado II de Dependencia Severa, y tengo que decir en mi favor, o por el contrario, en mi ingenuidad, candidez y necedad, que seguía pensando que no necesitaba ayuda de nadie y, por consiguiente, siempre he llegado a destiempo o me informaba tardíamente de cualquier derecho que asistía a personas dependientes, como mi esposa.

Muchas son las vicisitudes y situaciones que durante estos últimos años me han acontecido, y quiero relatar los avatares y consecuencias físicas y mentales que me han ocasionado la progresión sin pausa de la última fase del Alzheimer en mi esposa Rafi y, al mismo tiempo, toda esta suma de etapas que han ido minando implacablemente la fuerza, la salud, el entendimiento y los recuerdos, y han dejado postrada y sin retorno a Rafi, un ser humano que pocos años antes estaba llena de vida y alegría.

Como ya he dicho, y lo reitero, ya pasé por esto del Alzheimer hace años a través de mi madre, pero, por lo visto, ese dios misericordioso no quedó contento con el daño causado y ha repetido, abriendo otra vez esa herida que la tenía casi olvidada, pero, en esta ocasión, ensañándose con Rafi, mi esposa. A ver qué cristiano católico apostólico se atreve a darme una explicación o argumentario, y me aclara qué clase de dios es ese y sus motivaciones con el ser humano que, al parecer, él creó.

Hay un refrán que dice «ha nacido con un pan bajo el brazo». Y otro muy parecido que dice «este ha nacido de pie». Estos dichos se les atribuyen a las personas que han nacido en el entorno de alguna familia adinerada, con lo cual se supone que su vida debe ser más placentera y menos penosa que la de aquellos que, como decía mi madre, «no tienen ni mierda en las tripas», o «no tienen donde caerse muerto». Esto de las clases sociales, y si nace con un pan bajo el brazo o no, ¿quién lo determina? ¿Ese dios misericordioso?

Particularmente, como se verá, no creo en casi nada; solo creo y presto atención a todo aquello que veo y compruebo a través de mis ojos y mis oídos, y que también puedo tocar con mis propias manos. Y eso de la fe me la trae floja, pues considero que son cuentos para niños, curas *atontaos* y millones de personas que, aunque ellas no lo intuyan, no dominan al cien por cien su equilibrio mental y tienen que apoyarse en supuestas ayudas externas para afianzar esa falta de serenidad intelectual.

Hay escasos momentos en mi vida en los que he perdido ese equilibrio mental, pero no han estado relacionados con la fe ni religión, sino con algunos sentimientos relámpago en los que me he sentido perdido, como últimamente y en el presente, y también debido a los sentimientos nocivos acumulados en estos postreros meses en que a Rafi no la tengo junto a mí. Puede ser que quizás crea en el libre albedrío y, efectivamente, siempre he tenido la potestad de tomar mis propias decisiones. En muy pocas ocasiones, o casi nunca, me he sentido coartado por presiones exteriores. Lo que soy lo he decidido yo, a pesar de todos los obstáculos que en mi vida no he podido controlar y que han escapado a mi estricto control. Como digo, quizás crea en el libre albedrío y en aquellas cosas que, sin ser mis objetivos y sin proponérmelo, avanzan arrollando y llevándote hacia una vida digna o «indigna» y de agonía y vicisitudes, llena de problemas. Claro está que, a pesar de lo que soy y de que casi todo lo he decidido yo, este albedrío a veces interfiere y me rompe la norma. Para mi desdicha, yo he sido uno de estos «agraciados» que, de vez en cuando, el albedrío me ha dado algunos reveses y palos, y que desde pequeño vengo soportando «estoicamente» como una cosa ya natural.

Teniendo un par de años, allá por 1944, mi padre nos abandonó a mi madre y a mí, y de esta manera desapareció de nuestra vida para siempre. Mi padre, un maltratador de aquellos años, que incluso ocupó un pequeño artículo en el diario *SUR* de Málaga, cuyo título era «Marido cariñoso», después de una denuncia por haberle pegado una paliza a mi madre en plena calle Lagunillas de Málaga. Mi niñez la recorrí pasando más hambre que Carpanta y, por supuesto, mi madre a dúo conmigo. De mi padre nunca más se supo, y solo por oídas y por algunas noticias y cotilleos, mi padre andaba con una fulana de una «casa de tratos» (burdel).

Según me contaron más adelante, a pesar de que mi madre era una persona muy humilde y callada, fue al encuentro de esa supuesta fulana y tuvieron una disputa callejera y un enfrentamiento verbal y físico. Como yo era muy pequeño, esta historia llegó a mis oídos más tarde, quizás cuando adquirí más uso de razón, y no recuerdo si me lo contó mi madre o alguien cercano a nosotros. Lo cierto es que este pasaje es verdadero, pues lo constaté a través de otras fuentes creíbles.

A veces, me pasaba los fines de semana comiendo en las casas de algunos «señoritos», beatos del barrio de la Victoria, y asiduos de los sermones y misas que ofrecían en el Santuario de Nuestra Señora, y que tenían la «gran caridad» de dar de comer al hambriento, quizás para purgar sus pecados ante ese Dios que creían que los llevaría al Cielo por lo bien que se estaban comportando en la Tierra. El resto de la semana me alimentaba en el comedor de las Escuelas Parroquiales, ya que tenían un comedor para los niños de familias indigentes o con problemas económicos. También comía algunos bocatas, fiados donde Pepa, la del n.º 10, tienda de aquellas de barrio que se hallaba un poco más abajo de mi casa y a la que mi madre saldaba sus deudas a final de mes. Y es anecdótico, pues a veces no comía porque me daba vergüenza tener que ir al n.º 10 a pedir un bocata, por lo que Pepa, la tendera, le decía a mi madre: «Este Luisito es muy arrogante y orgulloso, prefiere pasar hambre antes que pedir fiado».

Sobre esa época también me viene a la memoria que, además de tener dos tíos

(Antonio y Pepe), hermanos de mi padre, que vivían en el mismo barrio de la Victoria, conocido por toda Málaga como «barrio del Chupa y Tira», y que, al parecer, no se hablaban con mi padre. También tenía otro tío (Salvador), hermano de mi madre, que vivía en el arroyo Jaboneros, distrito entre los barrios de Pedregalejo y El Palo, junto a la antigua cochera de los tranvías, aunque estos familiares no influyeron para nada ni ayudaron en nada, ni a mi madre ni a mí.

No recuerdo cuándo ni cómo fallecieron, ni se dónde están los nietos o biznietos de aquellos tíos míos, ni me ha interesado nunca averiguarlo, ni ellos se interesaron nunca por nosotros, y por eso tampoco creo mucho en la familia debido al desapego de mi niñez con mi linaje. Hay mucha gente que aboga con insistencia y machaconería por la familia. Yo lo siento, pero no creo en nada de eso. La familia será lo mejor hasta que deje de ser lo mejor. Un amigo será tu amigo hasta que deje de ser tu amigo. En este mundo no hay nada perpetuo.

Mi vida siguió rodando sin pena ni gloria, hasta que más adelante ingresé en el Instituto de Formación Profesional Francisco Franco de Málaga, y seguí comiendo de prestado en el comedor del instituto, porque era considerado hijo de familia sin recursos y muy pobre. A pesar de todo, me abrí camino y yo solito conseguí un buen trabajo después de cinco años de «duros estudios» profesionales. Como anécdota, tengo que decir que una de las asignaturas que tenía que estudiar era Formación del Espíritu Nacional, que, junto con la asignatura de Religión, había que aprobarlas por cojones, pues si no, no pasabas de curso.

Caminante no hay camino, se hace camino al andar

Si no recuerdo mal, este poema archiconocido de Antonio Machado habla sobre el camino de nuestras vidas, refiriéndose a que ese camino lo trazamos nosotros cuando recorremos nuestra vida, y no tenemos por qué seguir el camino que han hecho otros, y que la meta la ponemos nosotros. El poema, o esa parte del poema, es maravilloso, pero no estoy de acuerdo, no es real.

Por mucho que te propongas lograr una meta o unos objetivos, y no te distraigas mirando a tu alrededor lo que han hecho otros, una gran mayoría o un porcentaje bastante amplio no consiguen alcanzar ese propósito, pues en ese camino te puedes encontrar con muchos obstáculos antes de echar a andar —

albedrío, destino o como quieras llamarlo—
que te romperán las piernas y te impedirán
seguir avanzando y conseguir aquello que te
habías propuesto y creías poder lograr. Dile
a un niño de Gaza o de una aldea perdida
de Somalia que no se preocupe, y que trace
su propio camino con el objetivo o meta de
ser, por ejemplo, ingeniero agrícola, o piloto
de líneas aéreas. ¡Ja!

Yo me tracé mi camino, un camino sin
grandes pretensiones, con una meta no muy
lejana y aprovechando las pocas posibilidades
que el destino, albedrío o casualidad me ofre-
cía, pues se podría decir que era huérfano de
casi todo, y al final conseguí andar ese camino
sin mirar a nadie ni hacia atrás; conseguí un
trabajo estable y bien remunerado, pero no
podía pensar en emprender metas más elevadas, pues no estaban a mi alcance. En aquellos
tiempos las metas más elevadas las alcanzaban

los niños de los señoritos y los niños adjuntos al Opus Dei del señor Escrivá de Balaguer. Era impensable que un pobrecito, y además ateo, como yo, pudiera opositar a carreras y estudios superiores.

La gran odisea que me diseñó el falso dios

Retomando las historias sobre el Alzheimer de mi madre y de Rafi, concentro mis pensamientos y vivencias anteriores y actuales, y me tropiezo otra vez resucitando la misma película. Será el avatar, el albedrío o el destino, palabras a las que nadie les da un sentido exacto, pues son palabras inocuas, inocentes e insulsas las que se han abatido sobre mi cabeza y sobre mi mujer, pues ya es una casualidad que mi madre y mi esposa hayan caído en ese pozo maligno que es esta enfermedad. A mi madre la tuve que cuidar durante varios años yo solo junto a Rafi, y a esta la he tenido que cuidar también yo solo. Esta segunda entrega está siendo mucho más dura, pues ya no tengo cuarenta años y mis fuerzas y espíritu se han ido quebrantando.

Desde el año 2014, cuando comenzaron a manifestarse en Rafi los primeros y alarmantes síntomas de esta enfermedad, y hasta la fecha, ella y yo hemos recorrido un camino de penalidades gracias al Alzheimer y gracias a ese gran dios misericordioso que cuida muy bien de los seres humanos que el creó a su imagen y semejanza y que permite toda clase de calamidades en este mundo que, según dicen, también el creó.

En esas fechas, en el Hospital Comarcal de Antequera no había médicos especialistas en neurología. Por lo tanto, tuve que desplazarme al Hospital Carlos de Haya de Málaga. El primer neurólogo que evaluó a Rafi el 2 de septiembre de 2015 resultó ser un gilipollas, un tipo sin sentimientos ni empatía, ni con el enfermo, ni con los familiares. A veces, he pensado que hay doctores a los que habría que evaluar su grado de capacidad mental, pues no son dignos de llamarse o ser llamados doctores y no están capacitados para ejercer esa profesión.

—¡Buenos días! —saludé al entrar en la consulta. Nos acompañaba también mi hijo David.

—¡Oiga, aquí solo puede estar un familiar!

—¡Pues vale! Quédate fuera, David —le dije a mi hijo.

Rafi y yo nos sentamos, y aquel gilipollas, sin levantar la cabeza, comenzó a revisar unos informes, seguramente de mi médico de cabecera, que le había hecho unas pruebas a Rafi y que fue quien me aconsejó que la llevara al neurólogo, dado que observaba señales muy extrañas y preocupantes en la conducta de Rafi.

—Bueno, ¿y para qué ha traído usted aquí a esta mujer? ¿Qué le pasa?

—¿No ha leído usted los informes de nuestro médico de cabecera? Pues que a mi mujer se le olvidan las cosas, no se acuerda dónde deja los objetos y no memoriza casi nada. ¡Vamos, como si estuviese perdiendo la memoria!

Aquel medicucho puso cara de asco y le preguntó a Rafi de improviso y sin mediar ni media palabra, como si fuese un interrogatorio policial.

—¿Qué día de la semana es hoy?

Rafi me miró como preguntándome con la mirada, porque seguro que ella no recordaba en qué día de la semana estábamos.

—¡Oiga, míreme a mí y no a su marido! —exclamó el doctor gilipollas.

—No me acuerdo —contestó Rafi.

—¿En qué estación del año estamos?

Rafi dudó unos segundos y dijo:

—Estamos en otoño.

—¡No, todavía estamos en verano! —dijo el médico con cara de antipatía.

—¡Bueno, es verano todavía, pero casi otoño! —intervine yo para echarle una mano a Rafi, que se encontraba un poco descolocada y no sabía muy bien para qué habíamos ido a Carlos de Haya y por qué le estaba preguntando tantas cosas aquel tipo con bata blanca.

—¡Usted se calla, le estoy preguntando a ella! —dijo el médico gilipollas, dirigiéndose a mí.

Para mis adentros estaba pensando: «¿Este tío qué clase de médico es? Ya me está tocando las pelotas. Menudas maneras de tratar a las personas».

Después le hizo algunas preguntas más, a las cuales Rafi no contestó casi ninguna, y al final le recetó un tratamiento, del que no recuerdo los nombres de las medicinas, y también le dio cita para dentro de un año, con lo cual teníamos que volver a consulta en julio del próximo año para ver la evolución. Me entregó un informe clínico en el cual especificada que la paciente Rafaela Portillo Ureña (Rafi) padecía un deterioro cognitivo (Alzheimer) de origen neurodegenerativo en fase leve, etcétera.

En 2016 volvimos al Hospital Carlos de Haya para una nueva evaluación. Por suerte, ya no estaba aquel médico estúpido que en tan mala hora nos atendió el año anterior. En esta ocasión había un médico muy agradable que realizó toda clase de pruebas neurológicas a Rafi, asistido por una enfermera que anotaba todas las pruebas y todos los datos. En el informe clínico que me entregó hacía constancia de que la enfermedad había evolucionado rápidamente y, por tanto, le cambió y recetó una nueva medicación, emplazándonos a una cita para el siguiente año.

En junio de 2017, de nuevo visita al Hospital Carlos de Haya para la evaluación del estado neurológico de Rafi. Esta vez otro médico nuevo que, dicho sea de paso, también nos atendió muy bien. En el informe que me entregó después de la exploración clínica (anamnesis) explicaba: «Hermana deterioro cognitivo». Efectivamente, Victoria, la hermana mayor de Rafi, falleció a causa de la degradación física y mental ocasionada por el Alzheimer. Seguramente esta enfermedad es muy posible que sea hereditaria, aunque la ciencia no lo tiene muy claro, pero yo, Luis Martín, sí que lo tengo muy claro por haber estudiado muchos casos sobre el Alzheimer y el entorno familiar de estos enfermos que padecen este desorden neuronal. En ese informe también se destacaba:

«En el momento actual destacan trastornos de memoria, trastorno del lenguaje y fallos nominales. Todavía mantiene actividades usuales cotidianas. Ánimo bajo, ansiedad, algo irritable, deterioro del lenguaje expresivo.

TRATAMIENTO

Citicolina retirar, añadir Donepezilo 10, media en desayuno y en un mes 1 en desayuno.
Duración prevista del tratamiento: 365 días.
Juicio clínico: enfermedad de Alzheimer.
Firmantes: Tomás O. O. y Ana María A. T.».

Y nos dio nueva cita para el 22 de mayo de 2018.

El viacrucis continúa

En ese intermedio, mi hijo David me comentó que un amigo suyo, el doctor don Rafael Bustamante Toledo, era uno de los jefes del equipo médico de neurología de Carlos de Haya. Me puse en contacto con este neurólogo conocido de mi hijo David y nos dio cita para el 31 de enero de 2018, o sea, seis meses antes de la cita que me habían dado en esa visita anterior.

Nos presentamos ese día en la consulta de don Rafael Bustamante. Nos estuvimos saludando y me refrescó la memoria comentándome que él jugaba de pequeño con mis hijos David y Luis en la calle Amargura, de Málaga, donde nacieron mis hijos y donde este doctor, por aquel entonces, tenía familia. Una vez que examinó a Rafi e hizo una evaluación y vistos los antecedentes e informes médicos anteriores, me entregó el oportuno informe clínico de consulta:

Mejoró algo con la quetiapina. Durante el día está bien, tiene bastante actividad y, por lo general, pasa las noches bastante bien. Está tomando quetiapina 25 mg por la mañana y 50 mg por la noche.

Juicio clínico principal: enfermedad de Alzheimer. Alucinaciones secundarias.

Plan de actuación: quetiapina 25 mg: 1 por la mañana y 3 por la noche (si persisten las alucinaciones con mala vivencia de ellas, puede subir a 2 por la mañana y 4 por la noche).

La paciente presenta una enfermedad neurodegenerativa grave que le causa demencia y psicosis, precisando ayuda y vigilancia las 24 horas del día.

Nos dio nueva cita para dentro de seis meses, y de esta manera estuvimos de seis meses en seis meses. Las últimas consultas fueron telefónicas, pues Rafi no estaba para ningún desplazamiento, y así hasta febrero de 2022, cuando tuvo lugar la última consulta, realizada también por teléfono, y también fue el último informe neurológico que nos dio don Rafael Bustamante.

Evolución y curso clínico: va empeorando. En situación de dependencia. Camina con ayuda de sus familiares, ha tenido varias caídas, incluso con fracturas, maneja mal el brazo izquierdo. Dependiente para las tareas básicas, hay que asearla, darle de comer, no controla las distancias (ataxia óptica). Lenguaje pobre, no puede conversar. Reconoce a sus familiares más cercanos, pero no siempre. Se pone mal y muy nerviosa cuando no está su marido. Han tenido que hacer obra en su casa para que no tenga que subir escaleras. En general, bien de conducta, aunque alguna vez se irrita. Habla con su reflejo en el espejo, ahora no alucinaciones, llama a su madre fallecida, a su marido y, a veces, a Ana, que era la madre de su marido.

Juicio clínico principal: enfermedad de Alzheimer en fase GDS 6.

Plan de actuación: memantina solución:
1 pulsación al día durante dos semanas después.
2 pulsaciones al día durante dos semanas después.
3 pulsaciones al día durante dos semanas después.
4 pulsaciones al día, indefinidamente.

La paciente padece un deterioro cognitivo avanzado de origen neurodegenerativo, en situación actual de total dependencia, siendo incapaz de tomar decisiones voluntarias ni de cuidar de sí misma.

Fdo.: Bustamante Toledo Rafael

Ya no he vuelto a llamar, ni pedir nuevas citas, pues la última vez me despedí de don Rafael, el neurólogo, dándole las gracias por haber atendido tan bien a Rafi y al mismo tiempo le dije: «Don Rafael, ya no le llamaré ni visitaré más. No le daré a Rafi ningún medicamento, pues, como esta enfermedad no tiene cura, los medicamentos no le sirven para nada. Le agradezco las atenciones que ha tenido con Rafi y conmigo. Si alguna vez tengo que llamarle para algo, no será para hablarle del Alzheimer. Gracias por todo».

Se quedó un poco sorprendido, pero no me dijo nada, tan solo: «Tú mismo».

Si las medicaciones no sirven para remediar esta enfermedad, ¿por qué ese dios tan misericordioso, indulgente, caritativo, piadoso y humanitario no auxilia a Rafi, y también a millones de seres humanos que sufren durante toda su vida? Está claro que ¡DIOS NO EXISTE! Algo en la mente humana se distorsiona y creen que, después de muerto, van a viajar a algún lugar del que nadie conoce, porque no existe. Yo creo que la fragilidad del ser humano, la incertidumbre y el miedo a morir, y que el espíritu (que tampoco nadie sabe lo que es) quede vagando por el cosmos o por la Vía Láctea o por el Infierno es lo que condiciona a parte de los humanos a creer en algo, sea lo que sea. Allá ellos, mi mente está tranquila siendo ateo, y no me caliento la cabeza, ni se altera mi «espíritu» que, reitero, no sé lo que es, ni me interesa. Como estoy, estoy muy bien, y mi mente siempre ha estado bien, exceptuando estos tiempos de lucha contra el Alzheimer de Rafi, que a veces desfiguran mi carácter y me perturban un poco.

Y la historia
se hace interminable

Vuelvo atrás y, a finales de 2016, alguien me comentó que por qué no solicitaba alguna ayuda a través de la Agencia de Servicios Sociales y Dependencia de la Junta de Andalucía, y aunque no le presté demasiada atención a esa sugerencia, pues mi carácter orgulloso desde pequeño aún lo sigo teniendo, al final, después de meditarlo algún tiempo, me decidí a tramitar esa solicitud y, al cabo de otro tiempo, en 2017, tuve una respuesta de la Administración:

JUNTA DE ANDALUCIA

Vista la solicitud para el reconocimiento de la situación de dependencia en la Comunidad de Andalucía a nombre de Rafaela Portillo Ureña, etcétera.

RESUELVO

Reconocer a doña RAFAELA PORTILLO UREÑA, con DNI 25029648-J el Grado I de Dependencia Moderada.

A esta resolución y este Grado I de Dependencia les hice poco caso, pues con ese Grado de Dependencia la Junta de Andalucía no te da ni la hora. Por otro lado, yo, de momento, no necesitaba a nadie para cuidar de Rafi, pues ella todavía se valía por sí misma en un tanto por ciento muy elevado en los quehaceres de la vida cotidiana. Nuestra vida continuaba sin grandes «sobresaltos», pero el Alzheimer iba minándola lentamente con dañina alevosía.

Hay un pasaje u anécdota que nunca llegué a descifrar. Resulta que un día yo estaba buscando alguna ropa en el armario-ropero, y bajo algunas mantas que se encontraban apiladas descubrí un sobre blanco, de estos como para enviar una carta. Estaba cerrado y sellado con su propio pegamento de cierre. Lo abrí y cuál fue mi sorpresa que en el interior había mil doscientos euros.

—Rafi, ¿tú has guardado estos mil doscientos euros que me he encontrado en el ropero?

—Yo no he guardado nada en el ropero. ¿De verdad, Luis, que te has encontrado ese sobre con todo ese dinero y entre las mantas? Qué cosa más rara… Eso lo habrás puesto tú y no recuerdas por qué lo has dejado ahí.

Nunca supe de dónde salió aquel dinero, pero lo que sí tengo muy claro es que ese dinero lo puso ella, aunque yo nunca lo eché en falta.

Corría el mes de mayo del año 2017 cuando, ante una nueva solicitud, revisión y valoración del estado de salud de Rafi se le concede el Grado II de Dependencia Severa. Sobre esa misma fecha, Rafi, en un desafortunado accidente, resbaló y rodó escaleras abajo, fracturándose la cadera, con lo cual tuvieron que intervenirla y colocarle una placa de titanio en el lugar de la rotura.

Cuarenta días postrada en una cama, mejor dicho, en el gran sofá del salón, sin poder moverse, para así poder recuperarse de esa caída y rotura de cadera; cuarenta días infernales, los cuales nunca olvidaré, sin poder moverla por prescripción facultativa, cuña orinal para arriba, cuña orinal para abajo, proteger y estancar la pierna y cadera afectada cuando había que ducharla, acostarla en una posición que no afectara a la cadera dislocada, desplazarla con sumo cuidado, etcétera. Yo solito para cuidarla. De los Servicios Sociales me echaron una mano enviándome una asistenta a domicilio durante una o dos horas al día, mientras duró su convalecencia. No recuerdo bien, solo recuerdo que se llamaba Isabel, que me auxiliaba un poco en estos menesteres; por cierto, muy competente.

Periódicamente, y en algunos momentos puntuales, Rafi, de manera instintiva, al parecer, intuía que algo no iba bien en su mente, y tanto era así que una tarde-noche, estando semidormida en el gran sofá, recuperándose de aquella caída, la escuché susurrar y rezar el padrenuestro.

—¡¿Qué pasa, Rafi?! ¿Cómo es posible que estés rezando, si tú eres atea?

¿Qué recorría la mente atrofiada de mi compañera Rafi para que se pusiera a rezar y a pedir clemencia a alguien en quien nunca había creído?

¿A qué grado de distorsión y desesperación había llegado Rafi para pedir auxilio a través del rezo a un ser al que ella nunca había acudido y que no existe?

Nunca me olvidaré de aquel día. Quizás fue el peor momento de mi vida cuando la observé rezando afligida e impotente, asiéndose a un «clavo ardiendo», en un instante en que su mente, un poco despejada, avistaba lo que le estaba ocurriendo y lo que se le venía encima en un próximo futuro.

Mi autoestima estaba por los suelos, y mi impotencia y odio hacia todo estaba llegando a unos extremos inapropiados y opuestos a mi manera de ser. Ver a la persona que más quería en este mundo escaparse y alejarse

poco a poco de mi devoción, de mi camara-
dería y de mi relación afectiva y humana me
estaba derivando hacia unas especulaciones
y pensamientos muy nocivos.

Rafi pasó a trancas y barrancas aquellos
infernales cuarenta días hasta recuperarse
por completo de aquella caída, gracias a su
genética y forma física, dedicada siempre y
junto a mí, al deporte y a la disciplina marcial
del karate, pero ese período de la caída y la
recuperación le aceleró su deterioro mental
y el Alzheimer adelantó su recorrido.

¿Dónde estaba ese dios al que ella rezaba?
¿Dónde se encontraba ese dios misericordioso que no se apiada de nadie? ¿Dónde está
ese dios cuando aquellas personas que tienen
grandes y graves problemas de salud o de
hambre le demandan clemencia y le piden
que los atenúe a través de plegarias y rezos,

y que por mucho que imploren y recen se quedan a dos velas y no les responde nadie? Y menos ese dios al que suplican, y por desgracia para ellos siguen sufriendo todas esas penalidades hasta el fin de sus días. Supongo que estas personas estarán felices creyendo en ese dios y, como pienso, algunos señalarán que tampoco puedo demostrar que ese dios no exista, pero reitero que mis análisis son más verosímiles y mejor argumentados.

En la India, 1200 millones de personas practican la religión del hinduismo; en China, la religión predominante es el budismo, acompañado del taoísmo y el confucionismo, que, en realidad, son lo mismo; si te vas a Rusia, 144 millones de personas profesan tres o cuatro religiones: la Iglesia ortodoxa rusa, el islam, el budismo y el judaísmo; si te vas a Inglaterra, tendrás que practican la religión protestante, llamada Iglesia anglicana; si te vas a Dinamarca, tendrás a los luteranos evangélicos; si te vas a Bali, practican el hinduismo balinés, que combina el llamado shaivismo y el budismo; si estás en Canadá y perteneces a la congregación etnoreligiosa de los Amish, te educarás en la religión protestante anabaptista; si naces en Israel, seguramente profesarás el judaísmo, religión que se sustenta en la filosofía de que el pueblo judío es el elegido por el dios verdadero, y no sigo porque esto es interminable. ¿Cuál de estas religiones y dioses o guías, o jefe religioso es el más bueno y misericordioso y milagrero de todos ellos? Menuda pachanga, irrisoria retahíla de fantasías espirituales.

Los Diez Mandamientos o el Decálogo son un conjunto de principios éticos, básicos y fundamentales de exaltación de cualquier cristiano que se precie, y que juegan un papel muy trascendental en el cristianismo. En ese Decálogo se anotan el modo o la forma de adorar a Dios, pero es curioso, porque estos Diez Mandamientos ningún cristiano los cumple, ni las monjas de Belorado ni los curas del Vaticano. Todo es cinismo, sarcasmo, impudicia y mentiras.

Existe un pasaje en la novela más leída de la literatura española que dice:

«Guio don Quijote, y habiendo andado como doscientos pasos, dio con el bulto que hacía la sombra, y vio una gran torre, y luego conoció que el tal edificio no era alcázar, sino la iglesia principal. Y dijo: "Con la iglesia hemos dado, Sancho"».

Y, por otro lado, alguien recitó: «La religión es el banco donde los arrodillados ante la ignorancia depositan sus billetes de oración para conseguir el perdón de un ser irreal, mientras otros disfrutan de su dinero».

Y sigue: «Lo primero que aprendí sobre Dios es que necesita mucho dinero».

Desde 2014 estuve llevando a Rafi de forma periódica a revisión facultativa neurológica al Hospital Carlos de Haya. En 2018 dejé a un lado estas revisiones, porque consideraba que eran poco objetivas. Estoy hablando en el caso de mi esposa, porque estas visitas y consultas no le socorrían en nada. Rafi todavía seguía una vida «medio o casi normal», pues asistía a las clases de aerobic y *spinning* que impartía mi hijo David en el Gimnasio Torcal de Antequera. Y tengo que añadir, porque es de justicia, que es el gimnasio más profesional de toda Andalucía. Los compañeros y compañeras de mi esposa se estaban dando cuenta de la pérdida de facultades físicas y mentales que estaba padeciendo gradualmente Rafi.

—Rafi, no sigues bien la coreografía. Te equivocas constantemente; no sigues los pasos del baile, te despistas constantemente» —le advertía nuestro hijo David, sin reparar en que una enfermedad maligna, permitida por ese falso e inhumano Dios, se estaba apropiando de la mente de Rafi.

Rafi en el año 2013

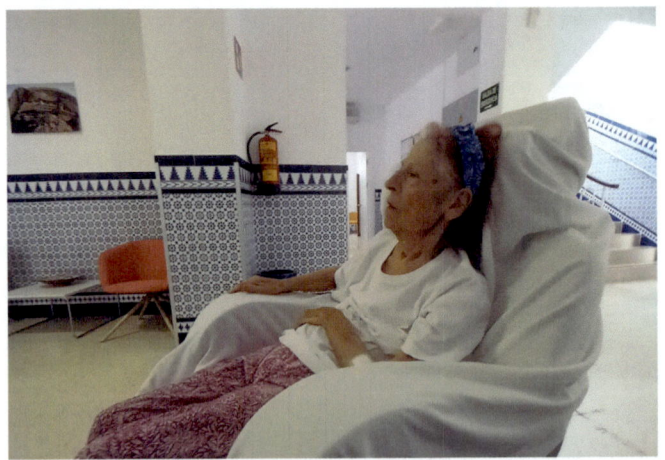

Rafi en el año 2024. ¡Dios no existe!

Anécdotas

Entre cientos de historias y memorias determinadas y originadas por esta enfermedad, atesoro personalmente centenares de anécdotas. Rafi se me extravió dos veces, cosa que ocurre con frecuencia con personas que pierden la memoria, a pesar de tener en su muñeca una especie de reloj buscador, que nos concedió gratis la Cruz Roja y que, más tarde, nos querían cobrar y, por lo tanto, lo desechamos. Esas dos veces la estuve buscando desesperado durante toda una mañana, hasta que una de las veces la Policía me llamó porque la había encontrado deambulando por los alrededores de plaza de Castilla, aquí en Antequera. La segunda vez la encontré por calle Carrera, de casualidad, desorientada y en un estado difícil de describir; en fin, unas historias para no dormir.

Terminada una jornada de senderismo por una zona de Granada y almorzando y relajándonos en una venta en compañía de algunos amigos y de Ani, sobrina de Rafi, mi esposa nos contó una historia sorprendente ante la cual, y escuchándola, rompimos a carcajadas:

—Me ha salido un novio y lo he conocido en la plaza. Tiene mucho dinero y dice que se quiere casar conmigo. Es mayor que yo y no es muy guapo… —Y continuó con aquella historia y con otros detalles.

Entre las risas y las bromas de los presentes yo le solté:

—Bueno, ¡¿y yo qué?! ¿Porque ese novio tenga una buena cartilla en el banco me vas a dejar a mí?

—Pues lo estoy pensando… —me contestó.

Las risas de los presentes continuaron y esa historia desapareció de su cabeza al otro día, pues le pregunté por ese relato y no se acordaba de nada.

En otro momento se engolosinó con los zapatos de Sonia, mujer de mi hijo David. Decía que eran suyos y le pedía que se los diera.

Todavía eran tiempos en los que ella iba sola a comprar al súper o a las tiendas, pero llegó un momento en que no tuve más remedio que acompañarla, ya que discutía con las dependientas de comercios, tiendas y almacenes, porque decía que le cobraban de más. Así que tuve que empezar a acompañarla. A veces, hablaba y discutía con su propia imagen en el espejo cuando se veía reflejada, y también a veces me llamaba Ana, recordando a mi madre, a la cual ella había querido mucho.

Está claro que al acompañante, compañanero/ra de un enfermo/ma de Alzheimer, poco a poco y lentamente pero sin pausa, se le van acumulando el trabajo y los problemas, llegando a causarle a ese cuidador/ra momentos de angustia y desesperación y, quizás, alguna que otra enfermedad intelectual. Si ese cuidador no está bien preparado física y mentalmente, lo lleva claro. Lo he visto y constatado. Muy pocos aguantan tener y cuidar en su casa las 24 horas del día y durante muchos años a un enfermo de Alzheimer. El 90 % de estos enfermos acaban en residencias (llamadas antiguamente asilos). Este es mi caso, y me considero un gallina, pues después de 10 años cuidando a Rafi, he tirado la toalla, de lo cual estoy arrepentido, pues creo que podría haber aguantado algún año más cuidándola en nuestra casa. Aquellos que están en mi mismo caso, repito, en mi mismo guion, y mandan a su pareja o al enfermo (familiar directo) a la residencia, los considero igual de gallinas que yo. Ahora voy a intentar periódicamente traerla a casa varios días para tenerla junto a mí y cuidarla, pues siento que me falta algo, a pesar de ser un gravamen dentro de mi insípida vida. La he ingresado en una residencia, pensando que quizás en un futuro no muy lejano no pudiera cuidarla debidamente, cuando por mi carácter y mi manera de ser, jamás he pensado en ningún futuro; siempre he vivido en el presente sin hacer calendarios ni especular con el mañana. En estos momentos en que estoy acabando esta pequeña historia, 25 de julio de 2024, la tengo junto a mí, pues, a pesar de visitarla casi a diario en la residencia, añoraba su compañía durante todo el día y, por tanto, me la he traído para tenerla a mi lado en nuestra casa durante una semana.

¡Gloria a Dios en las alturas y paz en la tierra a los hombres de buena voluntad!, frases muy bonitas y rimbombantes, pero faltas de realidad. ¿Por qué tiene que sufrir Rafi el supuesto y, para mí, falso viacrucis que sufrió, el para mí inexistente, Jesucristo en la Tierra?

Problemas de asistencia a domicilio

Con el II Grado de Dependencia Severa, le aprueban el Programa Individual de Atención, por lo que se le reconoce el derecho de acceso al servicio de ayuda a domicilio del Ayuntamiento de Antequera, como modalidad de intervención más adecuada previsto en la normativa para su grado de dependencia, y se le conceden 45 horas mensuales de atención en el domicilio, correspondiendo 20 horas a las necesidades domésticas y 25 horas a la atención personal para las actividades de la vida diaria. Esa atención de 45 horas mensuales la asume la empresa local Servicios de Ayuda Integrales Antequeranos, S. L. y en diciembre de 2018 comienza a funcionar como usuaria de dicha empresa.

Aquí comenzó otro período preocupante y negativo para Rafi y para mí, pues esta empresa de atención domiciliaria cambiaba constantemente de asistenta, y cada dos por tres enviaba a una nueva persona, con lo que a Rafi la descolocaba al ver continuamente caras nuevas, y a mí también me causaba dificultades, pues cada vez que enviaban a una nueva asistenta, tenía que explicarle las pautas, protocolos y ubicaciones de todo nuestro entorno y quehaceres diarios hacia la atención y dependencia de Rafi. Contabilicé sobre 20 o más asistentas las que durante un período de tiempo fueron desfilando por mi casa, con el consiguiente cabreo y continuas protestas que yo trasladaba a la empresa. Al final, esta situación se estabilizó y por fin dejaron definitivamente a una asistenta llamada Gloria, lo que mi esposa Rafi encajó positivamente como si fuese una compañera

o amiga. Durante más de cuatro años, Gloria
ha estado contribuyendo y ayudando durante
esas dos horas diarias a hacer un poco más lle-
vadera nuestra inexistencia. En estos últimos
y largos cuatro años, el Alzheimer ha hecho
su trabajo destructivo de aniquilación total
en lo físico e intelectual sobre Rafi. Gloria
ha sido una de las pocas cosas buenas que
nos han acontecido durante estos últimos
cuatro años.

La ruptura no deseada

La Residencia de Mayores San Carlos, ubicada en el pueblo de Archidona, es un centro sencillo y modesto, pero con todo el dispositivo logístico y los medios humanos necesarios para una correcta atención y cuidado de aquellos mayores que viven el día a día dentro de esas instalaciones. Lo he comprobado y lo sigo constatando, pues visito esa residencia casi a diario para acompañar a mi esposa Rafi todo el tiempo que puedo, que es mucho, pero siempre en los momentos en que mi aliento y ánimo están calmados y serenos, pues hay momentos en que desearía desaparecer y a veces, y con frecuencia, me comento y me pregunto a mí mismo interiormente: «¿qué objetivos me quedan?, ¿qué hago aquí?, ¿merece la pena seguir en esta

chapuza de vida?». No. Quisiera volatilizar-
me, pues antes tenía el empeño de cuidar de
mi esposa Rafi las veinticuatro horas del día,
pero ya no me queda ni eso.

Como digo, el equipo humano de esa residencia es de lo más profesional, y los ancianos están cuidados hasta el más mínimo detalle por gente muy capacitada y humana. Pero, como siempre me repito y lo repito, como mis cuidados, como yo la cuidaba en casa, no la podrá cuidar nadie, porque, como siempre ocurre en esta vida, hay personas que no empatizan con la gente mayor a su cargo y solo se limitan a cumplir estrictamente con sus ocho horas o con su jornada de trabajo, sin aportar un poquito de afecto hacia esos ancianos indefensos, que no es el caso de esta residencia.

Ya no puedo volver atrás y devolverla a casa para seguir cuidándola personalmente, o quizás sí podría, pero sería enredarme en un proceso burocrático-administrativo que me llevaría tiempo y también dinero que no poseo.

Antes de continuar quisiera pedir perdón, porque quizás me repita en algunos párrafos y oraciones a causa de que mi mente está un poco dislocada o herida y, a veces, redacte como alma en pena y no siga una línea homogénea.

La mayoría de las personas mayores que conviven y que he ido conociendo en esta residencia se me antojan como almas apagadas, y perdonen por esta expresión, que quizás para algunos sea un poco ruda y dolorosa, personas que si les preguntas, te dirán que las atienden muy bien y que están bien allí, pero que añoran su casa. Quizás algunas te digan que no quieren volver a casa, y posiblemente sea porque en su casa nadie las atendía, estaban poco cuidadas o, en realidad, sus familiares no tenían otra alternativa que ingresarlas en una residencia. Claro está que las que no son dueñas de sus mentes no te podrán decir si están bien allí, o si desearían estar en casa.

Quizás algunos no estarán de acuerdo con mis juicios y testimonios, pero tengo que decir que sobre esta cuestión estoy más ilustrado y documentado que cualquier sociólogo o psicólogo y, por tanto, lo que escribo sobre todo lo relacionado con el Alzheimer y su entorno personal, familiar y social lo tengo estudiado basándome en la realidad de mi experiencia personal de muchos años viviendo íntimamente en el escenario de esta detestable y maldita enfermedad. También tengo que pedir perdón a las personas que inconscientemente haya ofendido con alguna de mis frases o expresiones, pues no es mi intención herir a nadie en sus sentimientos; solo expreso mis vivencias duras y reales, y sobre ellas, una vez analizadas, escribo llana y libremente.

Indudablemente, al final, y forzado por una serie de circunstancias, la ingresé en la Residencia San Carlos de Archidona, especulando con que quizás en un futuro no muy lejano no pudiera cuidarla debidamente, cuando por mi carácter y mi manera de ser jamás he pensado en ningún futuro, porque el futuro es una chorrada, ya que en cualquier momento tus ideales futuristas se van al carajo. La verdad es que jamás he pensado en ningún mañana.

EL ENTRAMADO POLÍTICO Y LOS CAMBALACHES DE LOS QUE GOBIERNAN EN LA JUNTA DE ANDALUCÍA, EN LA DIPUTACIÓN DE MÁLAGA Y EN LA ALCALDÍA DE ANTEQUERA (PP) EN LA GESTIÓN DE LAS RESIDENCIAS DE MAYORES Y LOS DERECHOS DE NUESTROS PROGENITORES.

Esta historia la quiero añadir a este libro, porque afecta directamente a mi esposa Rafi, a mí de rebote, y a muchísimas personas mayores más, y desde aquí quiero denunciar el poco aprecio y la poca estima hacia nuestros ancianos por parte de algunos políticos incompetentes y poco empáticos con nuestros ascendientes.

EL SOL de ANTEQUERA (24 de abril de 2024)

La Residencia de La Vega pasará de acoger a personas mayores a autistas

«La Residencia de la Vega de Antequera dejará de atender a personas mayores y se adaptará para ser un centro provincial pionero de atención a niños con espectro autista, según ha hecho oficial esta semana el alcalde Manolo Barón».

También siguió diciendo: «La residencia no se va a cerrar; se trasladarán a los únicos tres abuelos que acoge y se terminará de adaptar para el uso de los niños autistas».

Este Manolo Barón se cree que somos gilipollas. Este palurdo quiere ser pionero en todo. Pues claro que se cierra, Manolo. Que se lo pregunten a uno de esos tres ancianos, una mujer de 104 años con la que charlo casi todos los días, que la han echado de allí y la han enviado a otra residencia más alejada de su localidad después de muchos años conviviendo en ese centro, con lo que se encuentra desubicada y desnortada. ¡Pues claro que se ha cerrado la residencia para esos ancianos, Manolo! ¿O es que nos crees tontos? Manolo, ¿has visitado a esos tres ancianos que habéis echado de La Vega para preguntarles cómo se encuentran, y si quisieran volver a La Vega? Seguro que no.

Residencia de Mayores La Vega de Antequera, cerrada para nuestros ancianos por el PP en este año 2024

Residencia de Mayores La Vega de Antequera.

Instalaciones actuales de la Residencia de Mayores La Vega de Antequera.

Instalaciones actuales de la Residencia de Mayores La Vega de Antequera.

Vamos a ver, ese complejo lo he conocido de toda la vida como Residencia de Mayores La Vega de Antequera. Repito, Residencia de Mayores La Vega. Y ahora lo han cerrado como Residencia de Mayores, y lo abren para las personas con autismo, que, dicho sea de paso, no tengo nada contra este colectivo; al contrario, les tengo un gran afecto y mucho cariño, por lo tanto, no nos cuentes más milongas, Manolo Barón.

Esta historia la quiero comenzar explicando que la Residencia de Mayores La Vega de Antequera era la única residencia pública que quedaba en la Comarca de Antequera, y que, desde hace algún tiempo, dejó de acoger a nuevos usuarios ancianos, con la idea de que los mayores que quedaban en el centro, como es lógico, irían falleciendo y así poder cerrar el centro y abrirlo con otro uso diferente adaptado a sus utilidades.

Hace un par de años, después de un período de tiempo cerrada, la Residencia de Mayores de Archidona se acondicionó y se reformó, acogiendo a un número de ancianos, y comenzó a funcionar, yo creo y es la realidad, pensando en que había que cerrar la Residencia La Vega de los ancianos y darle funcionalidad como centro de autismo, y los que quedaran en La Vega mandarlos a Archidona. O sea, que todo estaba programado y planificado de antemano para dejar La Vega limpia de ancianos.

En definitiva, y resumiendo, intentaré desglosar este entramado de irregularidades y despropósitos para intentar simplificar esta aberración y anomalía propias de políticos incompetentes y precariedad moral.

HISTORIA SOBRE ESTE TINGLADO FALSO Y ENGAÑOSO DEL PP DE ANDALUCÍA

1º. Setiembre de 2012. Se cierra la residencia de mayores Los Montes de Colmenar (Málaga), dependiente de la Diputación y de su presidente, el señor Bendodo. La intención de este señor es trasladar a los ancianos de esta residencia a las localidades de Archidona y Antequera.

2º. Por otro lado, de 2017 a 2022 la residencia pública San Carlos de Archidona permaneció cerrada, reabriéndola una vez reformada en noviembre de 2022.

3º. Al mismo tiempo, se va restringiendo la entrada de usuarios mayores a la residencia La Vega de Antequera, con la idea de cerrarla también, y seguir con un plan de cierre total de residencias públicas, un plan fullero y calculador para cargarse a medio o largo plazo las residencias gubernativas y convertirlas en privadas y dar cabida a otras asociaciones de personas de grupos especiales, tales como aquellos que conllevan trastorno del desarrollo que afecta a la comunicación social y otros.

4º. En mayo de este año se cierra definitivamente para los ancianos la Residencia La Vega, debido a las pocas personas mayores que quedaban, gracias a los impedimentos de nuevas entradas ordenados por los políticos de la Diputación y el PP de Andalucía. Estos tres ancianos a los que refería son trasladados a la Residencia San Carlos de Archidona, que ya estaba funcionando, pero la Residencia de Mayores La Vega no se cierra, porque sigue abierta, como dice dolosamente Manolo Barón, pero no para los mayores, sino para la Asociación EDAU (Educación y Autismo), porque se han apropiado, perdón, han sido subvencionados por la Diputación malagueña, según afirmaba Manolo Barón en *El Sol de Antequera,* con 700.000 euros para su adaptación.

5º. Pero ahí no queda todo. Después de eliminar las 56 plazas para personas mayores en la Residencia La Vega, también se ha cargado el proyecto del centro de día de Alzheimer que está junto al hospital, y que ha tardado años y años en acabarlo, dispuesto y dirigido exclusivamente para personas enfermas de Alzheimer. Y este Manolo Barón, con su PP, ha inventado y decidido repartirlo entre ancianos con Alzheimer y afectados de autismo. Pero, claro, la proporción del espacio y aforo de esa residencia de día creada solo para enfermos de Alzheimer se ha repartido «equivativamente»: el 75 % del espacio para autismo y el 25 %, para Alzheimer. Otros dicen que a EDAU le corresponden las dos terceras partes del espacio, unos 800 metros cuadrados. Vamos, como el juego de «Uni, doli, teli, catoli, quile, quileta, estando la reina…». Como se puede ver, a estos políticos los ancianos les importan un carajo.

Vistas las estadísticas, en España hay 450.000 personas autistas y más de 800.000 padecen la enfermedad de Alzheimer. O sea, que hay casi el doble de personas que padecen Alzheimer en relación con los autistas. Quiero reiterar, para que quede muy claro, que no tengo nada en contra de las personas autistas, ni contra las personas con TDAH o Asperger y otros; al contrario, soy un defensor de estos grupos afectados por distorsiones fruto de la neurodiversidad en las conexiones cerebrales y siempre estaré al lado de todas estas personas que necesitan ayuda. Y tampoco quiero hacer ni iniciar ninguna valoración ni discrepancia estadística entre autismo y Alzheimer. Por lo tanto, que nadie pretenda discernir sobre mis intenciones en esta gacetilla, porque son claras y honestas, y todo lo demás sobra.

Tengo que terminar explicando un poco sobre la Asociación EDAU (Educación y Autismo), y no para enjuiciar ni censurar nada de nada, porque siempre estaré junto a los frágiles, débiles, desamparados y pobres, aunque habrá algunos que critiquen mi forma de escribir, algunas de mis frases y mis afirmaciones, y también, incluso, este libro.

Y yo me pregunto: ¿qué ha llevado a estos falsos políticos y de poca conciencia a cerrar la Residencia de Mayores La Vega de Antequera a los ancianos y sustituirla por otra clase de asociación privada, que, según he podido observar en algunos logos, se llama «Empresa Asociación EDAU Educación Autismo Asociación? ¿Por qué no pueden coexistir ancianos y autistas en un entorno tan dilatado como La Vega? ¿Qué pasa, que los viejos estorban? ¿Que viejos de 80 años no son compatibles y no quedan bien en ese entorno?

¿Por qué un centro de día, que hace unos meses fue inaugurado en calle Dr. Juan Herrera, al lado del Hospital Comarcal, edificio sin terminar desde hace años y, en principio, destinado para los enfermos de Alzheimer de AFEDAC (Asociación de Familiares de Enfermos de Alzheimer y Otras Demencias de Antequera y Comarca) y otros posibles enfermos de Alzheimer no pertenecientes a esta asociación, y al final resulta que salen estos politiquillos del PP y le cambian el guion y lo reparten asimétricamente dando la parte del león al autismo, y otra vez nuestros mayores quedan relegados a niveles inferiores. Los mismos padres de esos niños y personas autistas tenían que haber luchado para defender que esos ancianos se hubiesen quedado en lo que ya era su casa, la Residencia La Vega, y que hubiesen acogido a más mayores en esa residencia, pues la lista y el tiempo de espera para ingresar en cualquier residencia es inadmisible y de pena. Sí, estoy de acuerdo con que se repartan las instalaciones abiertas junto al Hospital Comarcal, pero que hubiese sido con un reparto equitativo, y no como se ha hecho.

Residencia de Día de Antequera, en principio creada para que fuese Centro de Alzheimer, pero, después de 15 años sin inaugurar, alguien cambió de idea y… la inauguró a su manera

La gran indecencia de estos políticos que han dejado transcurrir la vergonzosa espera de más de 15 años para poner en funcionamiento el Centro de Estancia Diurna y ahora se cuelgan la medalla de mierda como si todo este fango fuese una cosa normal dentro de la política, después de quince años de espera. ¿Estáis orgullosos?

Estos políticos eligen a su bola la oportunidad que les venga bien para sumar votos. A estos les importa un carajo nuestros mayores: más de quince años de espera para inaugurar un humilde edificio, que en 2008 ya estaba construido. Increíble.

En definitiva, y lo que está bien claro, es que unas instalaciones sufragadas por los contribuyentes ahora las ocupan dos asociaciones privadas. Y en el caso de AFEDAC, cada usuario tiene que abonar su plaza, costando ahora mismo sobre unos 350 euros, cifra que subirá ante nuevos servicios de comedor y rehabilitación. En el caso de la Asociación EDAU, no he recabado datos sobre su funcionamiento, ni es de mi atención.

Mis cavilaciones y observaciones me llevan a dos posibles conclusiones sobre este tema:

1. Los ancianos son menos importantes que los jóvenes.

2. Los padres y entorno de personas con autismo son más jóvenes que el entorno de personas ancianas y, por tanto, suelen pelear con más fuerza en la defensa y derechos de sus hijos.

Y, en este caso, pienso que, como siempre suele ocurrir, alguien o varios con posibles y fuertes contactos dentro del entramado político de Andalucía (Junta, Diputación o alcaldía) han presionado y jugado un papel muy importante para conseguir estas prerrogativas.

Índice